A. Ketschau

Das andere Katzenbuch

AF176086

Bibliografische Information der Deutschen Nationalbibliothek:

Die Deutsche Nationalbibliothek verzeichnet diese Publikation in der Deutschen Nationalbibliografie; detaillierte bibliografische Daten sind im Internet über

http://dnb.d-nb.de

abrufbar.

Herstellung und Verlag: BoD – Books on Demand, Norderstedt

Ketschau, A.

Das andere Katzenbuch

ISBN 9783754325346

Für Füchschen, Streuner und Pascha-Bandit.

Die Hauskatze (Felis catus) stammt von der Falbkatze ab. Zu den Hauskatzen zählen auch Rassekatzen, doch ist mit dem Begriff „Hauskatze" umgangssprachlich meist eine Katze gemeint, die keiner anerkannten Rasse bzw keiner Kreuzung aus verschiedenen Rassen angehört. Genau genommen sind Rassekatzen aber ebenfalls Hauskatzen. „Normale Hauskatzen" werden auch oft als Europäisch Kurzhaar bezeichnet, was zu Verwechslungen mit der seit 1982 als Rasse anerkannten Europäisch Kurzhaar führen kann, die der Hauskatze jedoch weitgehend gleicht. Katzen weichen äußerlich nur wenig von ihren Vorfahren ab. Ihr eigenständiges Wesen und ihren Jagdtrieb haben sie ebenfalls bewahrt. Notfalls wird mangels Beutetier auch ein Spielzeug erbeutet. Hauskatzen sind allerdings mehr auf ihre Menschen angewiesen als ihre wilden Vorfahren, die ganz gut alleine zurecht kommen. Die Katzen lebten noch wild, als der Mensch andere Tiere schon domestiziert hatte. Die Katzen kamen von selbst, und es entwickelte sich eine Art Zweckgemeinschaft. Die Katzen hielten Haus, Hof und Stall frei von Ratten und Mäusen, und dafür bekamen sie ein Dach über dem Kopf, regelmäßig ihr Schälchen Milch und wenn sie Glück hatten sogar regelmäßig zusätzliche Mahlzeiten. Die Menschen sahen ihre Ernte gerettet,

Heilige Birma

und die Katzen hatten ein warmes Plätzchen zum Schlafen und Futter. Die Stammutter der Hauskatze ist die Falbkatze, wie schon erwähnt (Felis silvestris lybica). Diese lebt in Afrika und im Norden der Arabischen Halbinsel. Alle Hauskatzen stammen von dieser Katze ab. Im alten Ägypten wurden Katzen sogar in den Götterhimmel erhoben. Der Sonnengott Ra, als Katze dargestellt, bekämpfte die Schlange der Finsternis. Bastet, die Mondgöttin, wird immer als Katze oder Frauengestalt mit Katzenkopf dargestellt. Sie hütete bei Nacht das Licht und stand für Liebe, Wohlstand und Fruchtbarkeit. Der Mondgott Isis betrachtete Katzen ebenfalls als heilige Gestalten. Katzen begleiteten die altrömische Jagd- und Mondgöttin Diana und waren in asiatischen Tempeln und Palästen zuhause. Im christlichen Abendland galten sie als Lieblinge der Muttergottes. Im späten Mittelalter dagegen wendete sich das Blatt. Der Hexenwahn brach aus. Jahrhunderte lang wurden Männer und Frauen verfolgt und bestialisch ermordet, wenn sie sich nicht völlig anpassten oder Kritik zeigten – und mit ihnen nicht selten ihre Katzen. Die Katzen wurden beinahe ausgerottet, und erst im 18. Jahrhundert wurde man sich wieder ihrer Vorzüge bewusst. Die Domestizierung der Katze näherte sich vor ca. 3500 Jahren ihrem Ende. Vom nahen Osten verbreitete sich die Katze über die ganze Welt. Die Ägypter verhängten Ausfuhrverbote. Doch auch diese verhinderten nicht, dass die Katze ihren Siegeszug über die ganze Welt antrat. Die Katzen gelangten auf Handelsschiffe und breiteten sich so weltweit aus. Die Katze war auf den Schiffen bald willkommen, um unerwünschte Ratten und Mäuse zu vertilgen. Die Katzen erwiesen sich als ziemlich anpassungsfähig. Im rauhen Gebirge Kleinasiens tauchten Langhaarkatzen auf, Vorfahren unserer heutigen Perser- und Halblanghaarkatzen. In Südostasien dagegen entwickelten sich Schlankformkatzen mit Kurzhaar: die Vorfahren der Orientalen, Siamesen und Burmas. In gemäßigtem Klima kamen kompaktere Katzen mit dichtem, relativ kurzen Fell mit Unterwolle vor, die Vorfahren unserer heutigen Europäisch Kurzhaar. Waldkatzenrassen wie Sibirier, Norweger und Maine Coon entwickelten sich ebenfalls in Anpassung an das Klima. Es gibt auch (nahezu) haarlose Katzen. Im Folgenden werden viele Rassen in liebevollen Zeichnungen und kurzen Portraits vorgestellt. Es gibt mehrere Vereinigungen (Dachverbände), die verbindliche Rassestandards verwalten und unter denen die Rassekatzenzucht zusammengefasst ist, wie z.B. die Gouverning Council of the Cat Fancy (GCCF) oder die Fédération International Féline (FIFé).

„Glückskatze" Lilly (Hauskatze/ EKH)

Felix (Hauskatze)

Pascha-Bandit (Haus-
katze)

Streuner (Hauskatze)

Die **Siamkatze** gehört zu den Schlankform- oder Orientalischen Katzen. Um ihre Herkunft ranken sich viele Mythen. Sie stammt aus dem heutigen Thailand. In mehreren Jahrhunderte alten Schriftstücken finden sich Abbildungen von Katzen, die den heutigen Siamkatzen ähneln. Ob es sich dabei

Hauskatze mit für (rasselose) Hauskatzen eher untypischen blauen Augen.

wirklich um Vorfahren der heutigen Siamkatzen handelt, oder ob sie ihr nur zufällig ähnlich sahen, ist nicht sicher. Die Siamkatze gehört zu den Schlankformkatzen, sie hat einen feinen, grazilen Körperbau, ist schlank und hochbeinig, wobei es auch einen etwas kompakteren Typ (Thai-Siam) gibt. Früher wurde sie eher selten und hauptsächlich von gut situierten Menschen gehalten. Sie macht gerne von ihrer lebhaften Stimme Gebrauch, liebt ihre Menschen und verfolgt sie auf Schritt und Tritt. Sie hat wunderschöne blaue Augen. Die Kitten kommen reinweiß zur Welt, die dunklen Points an Gesicht, Ohren, Schwanz und Läufen (bei Katern auch der Hodensack) beginnen erst nach einigen Tagen bis Wochen, sich

Siam

herauszubilden. Die strahlenden Augen sind tiefblau. Siamkatzen werden in unterschiedlichen Farbschlägen gezüchtet: Seal-Point (schwarz-braun), Chocolate-Point (braun, schokoladenbraun), Blue-Point (blau), Lilac (blau-lila), Red-Point (rot), Cream-Point (creme, hell-rot), Tabby-Point (getigerte Points), Tortie-Point (Schildpatt-(schwarz-rot-gefleckte) Points). Die Siamkatze liebt ihre Menschen und alle Tiere, die zur Familie gehören. Sie versteht sich auch gut mit Hunden. Manche Exemplare werden sogar leinenführig. Sie ist sehr agil, braucht viel Beschäftigung und freut sich sehr über regelmäßigen Freigang. Der Schwanz ist sehr lang und die Ohren sind wie bei allen Orientalen relativ groß. Die Siam ist eigentlich gesund und liebenswert. Übertreibt man es mit gewissen Merkmalen (z.B. Silberblick, Knickschwanz) kann sich das nachteilig auf Gesundheit und Wesen auswirken.

Maine Coon

Die **Maine Coon** ist eine Halblanghaarkatze und gehört zu den größten Katzenrassen. Einigen Berichten zufolge sollen Rassevertreter bis zu 20 kg auf die Waage bringen. Das ist sicher sehr übertrieben. Aber eine Maine Coon kann durchaus ein Gewicht von knapp 8-10 kg oder manchmal auch mehr erreichen. Zu großes Gewicht kann allerdings dem Skelett schaden, und bei den Maine Coons ist eine Hüftgelenksdysplasie bekannt, eine Deformation der Hüfte, die zum Teil genetisch, zum Teil umweltbedingt ist. Für die „kleinen" Beutegreifer, die laufen, springen, Beute fangen und auf Bäume klettern wollen, fatal. „Maine" ist ein amerikanischer Staat, wo die Rasse ihren Ursprung hat. „Coon" leitet sich von „racoon" (Waschbär) ab. Die Maine Coon ist also eine „Waschbärkatze". Nicht, weil es sich um Kreuzlinge zwischen Katzen und Waschbären handelt, was genetisch gar nicht möglich wäre, sondern weil die Rasse wohl irgendwie an einen Waschbärenschwanz erinnert. Der Ursprung der Rasse lässt sich bis ins 19. Jahrhundert zurückverfolgen. Die Maine Coon ist pflegeleicht, anhänglich, liebenswert und sehr gesellig. Sie schätzt viel Beschäftigung, Artgenossen und Freigang oder zumindest den Zugang zu einem abgesicherten Garten oder Freigehege. Im Notfall ist ein abgesicherter Balkon zumindest ansatzweise eine Alternative. Alle Farben außer Chocolate (Schokoladenbraun), Fawn (helles Beige), Cinnamon (Zimt), Lilac (blau mit rötlichem Schimmer) und Colourpoint zugelassen.

Balinese Foreign White (Longhaired Foreign White)

Die **Foreign White** ist eigentlich eine reinweiße Siamkatze mit blauen Augen. Sie wird in zwei Haararten gezüchtet, nämlich Kurzhaar (Siam Foreign White) und Halblanghaar (Balinese Foreign White). Ein weißes Fell führt in Zusammenhang mit blauen Augen oft zu Gehörstörungen bis hin zu totaler Taubheit. 1962 hatte Patricia Turner, eine englische Katzenzüchterin, das Vorhaben, eine weiße, blauäugige Katzenrasse ohne diese erblichen Störungen zu züchten. Die Foreign White wurde 1977 offiziell von der GCCF anerkannt. Inzwischen ist der genetische Defekt auch größtenteils bei dieser Rasse eliminiert worden. Die Rasse wird auch Orientalisch Kurzhaar (bzw Halblanghaar) Weiß mit blauen Augen genannt, ist aber unter dem weißen Fell eine Siamkatze. Die Foreign White verdankt ihre blauen Augen dem Siam- oder Maskengen (c^s) und nicht dem Gen W. Die Foreign White wurde in England gezielt gezüchtet, um normalhörende, weiße und blauäugige Katzen zu erhalten. Trägt eine grünäugige, weiße Katze das Maskengen mischerbig, bleibt auch sie von Taubheit und Gehörstörungen verschont. Audiometrietests (Überprüfungen des Gehörs in

Narkose durch einen Tierarzt) sind für weiße Zuchtkatzen vorge-
schrieben. Die Foreign White ist wunderschön, liebenswert, freiheits-
liebend, aktiv, liebt ihre Menschen und macht wie alle Rassen der
Orientalen-Gruppe gerne von ihrer lebhaften Stimme Gebrauch. Es
gibt einen etwas grazileren Schlanktyp und eine etwas kompaktere
Version (wie die Thai-Siam).

Türkisch Van

Kätzinnen sind liebevolle Mütter.

Die **Türkisch Van** stammt aus dem Gebiet der aufgehenden Sonne, zwischen dem Araratgebirge und dem Tigris liegt der Vansee. Eine Engländerin verbliebte sich in die dort einheimischen, halblanghaarigen Katzen. Sie nahm 1955 einige Exemplare mit nach England und entwickelte aus ihnen eine neue Rasse. Das Fell ist kalkweiß, der Schwanz ist farbig vom Ansatz bis zur Spitze. Die Augen sind blau, kupfer- oder gemischtfarbig (odd-eyed, ein Auge blau, das andere kupferfarbig). Die ursprüngliche Farbe der Türkisch Van ist rotweiß, aber es kommen auch andere Farben vor, wie Tortie-Weiß (weiß mit schwarz-roten Flecken). Angeblich geht sie freiwillig ins Wasser und schwimmt gerne. Ob das so stimmt, weiß man nicht so genau. Die meisten Katzen können zwar schwimmen, finden den Aufenthalt im Wasser aber normalerweise nicht so schön. Auf frühen Zuchtschauen warf man sie oft in kleine Wasserbecken aus Kunststoff. Die Katzen versuchten aber in der Regel, das Wasser so schnell wie möglich zu verlassen. Alle Katzen können schwimmen – aber die wenigsten tun es freiwillig. Die Farbe soll nicht über den Schwanz und die Abzeichen am Kopf hinausgehen.

Die **Heilige Birma** ist eine sehr alte Rasse, und um ihre Herkunft ranken sich viele Mythen. Das erste Birma-Paar soll 1919 als Geschenk von Priestern nach Frankreich gekommen sein. Die erste erfolgreiche Birma-Zucht in Frankreich gelang 1925. Anfang der 1960er Jahre kamen die ersten Birmas aus Kambotscha nach Amerika. Nadine de Khlaramour soll als erste Birma aus Frankreich nach Deutschland gekommen sein. Sie war eine Seal-Point und ist in einigen Stammbäumen vertreten. Die Birma ist sanft, verschmust, pflegeleicht und ihr Fell neigt nicht allzu sehr zum Verfilzen. Die Birma hat halblanges, weißes bis cremefarbenes Fell mit Points in verschiedenen Farben. Die Pfötchen sind weiß.

Die **Sphynx** ist eine von wenigen bekannten Nacktkatzenrassen. Sie polarisiert. Man liebt sie, oder man findet sie abstoßend. Sie stammt aus einem Wurf aus Kanada, als eine normalhaarige Kätzin einen normalhaarigen Wurf mit einem nackten Kitten hervorbrachte. Das nackte Katerchen wurde mit seiner Mutter rückgekreuzt. Um die genetische Basis zu erweitern, wurde später noch eine Devon Rex eingekreuzt. Auch in Amerika, Frankreich und Mexico findet man solche Mutationen. Die Sphynx stellt ein Zuchtergebnis da, bei dem viele Katzenhalter und -züchter die Meinung vertreten, die Grenzen des Zulässigen überschritten zu haben. Die wenigen Katzenorganisationen, die diese Rasse überhaupt anerkennen, erlauben alle Farben. Fell fehlt so gut wie gänzlich; Vibrissen (Tasthaare) besitzt sie keine.

Die **Perserkatze** hat ein Gewicht von ca. 8-10 kg (manchmal auch leichter) und ist in sämtlichen Farbschlägen zugelassen. Die gezielte Zucht nahm im 19. Jahrhundert in England ihren Anfang. Laut neueren genetischen Untersuchungen soll die Perserkatze mit der russischen Langhaarkatze (Sibirische Waldkatze) verwandt sein. Die ersten Perser erinnerten eher an die Angorakatze. Der Standard wurde immer wieder verändert und die Rasse entsprechend ebenfalls. Einige Merkmale wurden jedoch sehr übertrieben, wie z.B. die kurze Schnauze. Das ist weder besonders schön noch für die Katze gesundheitlich unbedenklich. Vielmehr sieht es sehr unschön aus und führt zu Schäden und Erkrankungen wie z.B. Zahn- und Atemproblemen. Außerdem gibt es oft Geburtsschwierigkeiten, so dass ein Kaiserschnitt notwendig werden kann. Inzwischen versuchen allerdings immer mehr Züchter und Halter, den gesunden, mehr oder weniger ursprünglichen Typ zu erhalten. Die Perserkatze ist eher ruhig, bisweilen phlegmatisch. Das lange Fell kann alle Farben haben und ist verhältnismäßig pflegeintensiv. Eine Kurzhaarvariante ist die „Exotic".

Heilige Birma

Sphynx

Perser

Katzen sind ausgezeichnete Mäuse- und Rattenjäger.

Die **Abessinier** zählt wahrscheinlich zu den ältesten Hauskatzenrassen. Soldaten, die 1868 aus dem Abessinienkrieg nach Hause kamen, brachten die ersten Katzen dieses Typs mit nach England. In Großbritannien wurden Britisch Kurzhaarkatzen eingekreuzt, was zu einem einheitlichen Rassetyp führte. Die Rasse entwickelte sich langsam, wurde aber schon 1882 anerkannt. Die Rasse kommt in vielen Farbschlägen vor: Sorrel, Wildfarben, Blau, Beige-Fawn, Schwarzsilber, Blausilber, Sorrelsilber, Fawnsilber. Das Fell soll ein Ticking aufweisen, eine Agoutiform (Wildfarbe), bei der jedes Einzelhaar hell und dunkel gebändert ist. Sie ist intelligent, lebhaft und neugierig. Ihre Stimme ist eher leise, sie ist eine nicht allzu „gesprächige" Rasse. Sie lebt gerne mit Artgenossen zusammen und nimmt oft eine dominante Stellung ein. Sie gilt dabei aber als sehr sozial, und Abessinierkätzinnen ziehen oft gemeinsam mit anderen Katzenmüttern ihre Kitten auf. Die **Somali** ist die Halblanghaarversion der Abessinier. Schon früh tauchten in Abessinierwürfen halblanghaarige Kitten auf. Anfangs wurden sie als fehlerhaft erachtet, unter der Hand abgegeben oder gar getötet. Die Abessinierzüchterin Evelyn Mague entdeckte in einem amerikanischen Tierheim 1967 einen halblanghaarigen Abessinierkater, kaufte ihn und war bezaubert von seiner Schönheit. Sie ließ ihn zwar kastrieren, kam aber zufällig dahinter, wer seine Ahnen waren. Der Kater hieß „George". Sein Vater stammte aus der Zucht von Mrs. Mague, und seine Mutter war ebenfalls eine bekannte Katzenschönheit. Da Mrs. Mague die Abstammung von George zurückverfolgen konnte, wusste sie, was zu tun war um die Halblanghaarversion der Rasse zu züchten. Inzwischen hat sich die Somali sowohl in den USA als auch in Europa als Rassekatze etabliert. Sie hat die selben Eigenschaften wie die Abessinier, mit Ausnahme der Fellänge. Die Abessinier ist kurzhaarig, die Somali ist eine Halblanghaarkatze. Die Somali ist intelligent und aufgeweckt und freut sich über Freigang. Farbe: Wildfarbe/ Ruddy, Sorrel (rötlicher Farbton, der aber mit dem „normalen" Rot nichts zu tun hat; wird auch Cinnamon bzw Zimt genannt), Fawn (Verdünnung von Sorrel), Blau. Blau ist in diesem Fall die Verdünnung von Wildfarben, Fawn eine Verdünnung von Sorrel.

Abessinier (links) und Somali (rechts).

Die **Britisch Kurzhaar** wurde ursprünglich aus „normalen" Hauskatzen herausgezüchtet. Die British Shorthair hat einen kompakten, gedrungenen Körper und ein rundliches Gesicht. Kater sind oft größer als Kätzinnen. Eine Zeitlang in Vergessenheit geraten, gehört die Britisch Kurzhaar heute zu den beliebtesten Rassen. Die Rasse erinnert an einen Teddybären. Das Fell ist kurz, dick und plüschig und kommt in sehr vielen Farben vor. Es wurden wohl auch Perser eingekreuzt. Die Britisch Kurzhaar ist von relativ ruhigem Temperament, liebt ihre Menschen und ist ein wahres Schmusekätzchen. Die blaue Variante wird auch Karthäuser (Chartreux) genannt. Es gibt aber auch eine anerkannte Rasse mit dem Namen

Karthäuser, die der blauen Britisch Kurzhaar sehr ähnelt, doch mit gewissen Unterschieden. 1871 wurde eine Britisch Kurzhaar im Crystal Palace ausgestellt und mit Preisen überhäuft. Die Rasse wurde daraufhin auch in den Niederlanden und Deutschland bekannt. Die ersten Britisch Kurzhaar waren gestreift. Man kreuzte Perser, Hauskatzen, Angorakatzen, russische Katzen und Siamesen ein. Die Perserkatze hat wohl zu dem dicken, bunten Fell und dem gedrungenen Typ beigetragen. Angeblich sollen sich unterschiedliche Farbschläge im Charakter unterscheiden. Die Britisch Kurzhaar gehört heute zu den beliebtesten Rassen der Welt.

Füchschen (Hauskatze)

Siam Foreign White / Foreign White

Die **Munchkin**, auch „Dackelkatze", ist eine Katzenrasse mit extrem verkürzten Beinen und einer langen Wirbelsäule. Ihre Bewegungen werden mit der eines Frettchens verglichen. Ihr Körper ist kräftig. Das Fell ist dick und plüschig mit viel Unterwolle, kurz oder lang. Es sind alle Fell- und Augenfarben zugelassen. Die Munchkin ist anhänglich und liebenswert und kann trotz ihrer kurzen Beine recht gut springen und rennen, obwohl sie sich meist einen einfacheren Weg sucht. Entdeckt wurde die Rasse 1983 in den USA und dort nach den kleinen Menschen im „Zauberer von Oz" benannt. Auch in Russland und in England gab es in der ersten Hälfte des 20. Jahrhunderts Meldungen von kurzbeinigen Katzen, die jedoch nicht weiter gezüchtet wurden. Die Kurzbeinigkeit ist eine Fehlbildung, die mit Wirbelsäulen- und Knochenschäden sowie Arthritis einhergehen kann. Deshalb erkennen nicht alle Verbände diese Rasse an. Durch ihre Kurzbeinigkeit ist es möglich, dass die Katze bei der Fellpflege nicht überall hinkommt. Aber Katzen sollten ja generell regelmäßig bei der Fellpflege unterstützt werden – nur kann es eben in manchen Fällen etwas aufwendiger sein.

Die **Tiffany** geht auf eine Halblanghaarmutation der Burma zurück. Sie liebt ihre Menschen und schließt auch schnell Freundschaft mit Fremden. Sie genießt Lob, Zuneigung und Zeit zum Spielen. Im Gegensatz zu den meisten anderen Katzen fährt sie gerne mit im Auto und genießt das Reisen, jedenfalls nach Aussagen vieler Tiffany-Besitzer. Sie ist langlebig und anpassungsfähig. Der Schwanz ist lang und buschig, wirkt bisweilen etwas struppig. Der Kopf ist dreieckig, wirkt aber durch die Behaarung rundlich. Die Augen sollten golden sein. Sie braucht sorgfältige Fellpflege.

Die **Devon Rex** tauchte erstmals 1960 in einem sonst normalhaarigen Wurf auf. Ihr Fell ist ähnlich gelockt wie das der Cornish Rex. Mit der Cornish Rex ist sie genetisch nicht verwandt, eine Kreuzung beider Rassen ergibt glatthaarige Nachkommen. Die Devon Rex kommt in allen Farbschlägen vor. Die Devon Rex liebt ihre Menschen abgöttisch. In den 1960er Jahren begann die Rasse ihren Siegeszug durch die USA. Die Rasse stammt aus der englischen Grafschaft Devonshire. Eine Züchterin namens Beryl Cox paarte ihre Kätzin mit einem gelockten Streunerkater. Das gelockte Katerchen Kirlee kam zur Welt. Man dachte, es handele sich um die selbe Mutation wie bei der Cornish Rex, aber eine Kreuzung der beiden Rassen bringt wie erwähnt glatthaarige Kitten. Kirlee wurde mit Britisch-Kurzhaar- und Burmakätzinnen gekreuzt. 1967 wurde die Rasse von der GCCF anerkannt.

Siam

Erste Berichte über die **Ragdoll** tauchten in den 1960er Jahren auf, und zwar in den USA, Kalifornien. Man sagte den Ragdolls („Lumpenpuppen") nach, sie könnten keinen Schmerz empfinden, was gefährlicher Schwachsinn ist. Sie empfinden Schmerzen wie jede andere normale Katze auch. Ihr Name leitet sich von „Rag" (Lumpen) und „Doll" (Puppe) ab, was „Lumpenpuppe" ergibt und sich daraus ableitet, dass die Katze meistens schlaff herunter hängt, wenn man sie auf den Arm nimmt. Diese Merkmale seien erblich geworden, als die Stammutter von einem Auto überfahren worden sei, was natürlich ebenfalls Unsinn ist. Seriöse Züchter klären gerne über die Rasse und ihre Eigenschaften auf. Die Augen sind blau. Das Fell ist halblang und in „Mitted" (Points mit weißen Pfoten), Bicolour (weißgescheckt) und Pointed (weiß mit dunklen Points an Pfoten, Schwanz und Kopf) zugelassen. Die Abzeichen können Seal, blau, chocolate und lilac in unterschiedlichen Musterungen sein.

Siam

Britisch Kurzhaar

28

Maine Coon

Aus verschiedenen Teilen Asiens sind Katzen mit deformierten Schwänzen bekannt. Wahrscheinlich wurde das für diese Deformation verantwortliche Gen von Hauskatzen verbreitet, die dort vor über 1000 Jahren von China nach Japan gekommen waren. Asiatische Katzen mit Stummel- und Knickschwänzen gehen wahrscheinlich auf dieselben Vorfahren zurück, aber es besteht zwischen diesen und der Manxkatze keine nähere Verbindung. Es handelt sich um voneinander unabhängige Mutationen. In Japan hat die **Japanese Bobtail** (Japanische Stummelschwanzkatze) ihre Fangemeinde, ist aber außerhalb Japans selten anzutreffen. Der Schwanz ist mehr als 10 Zentimeter lang, aber gedreht wie ein Korkenzieher. In Ruhe wird er gerollt auf dem Rücken getragen, in der Bewegung manchmal aufgerichtet. Außerhalb Japans tauchte sie erstmals 1968 in den USA auf. Besonders beliebt sind dreifarbige Bobtails (schwarz-weiß-rot), eine Farbe, die fast nur bei Kätzinnen anzutreffen ist, aber es kommen auch andere Farben vor, wie weiß,

29

schwarz, rot, braun, blau, creme, schildpatt (schwarz-rot), silber, smoked (rauchfarbig); alle Farben mit oder ohne weiß. Sie ist lieb, anhänglich und intelligent. Früher wurde sie von der japanischen Kaiserfamilie vergöttert.

Die **Havana** gehört zur Gruppe der Orientalen. Sie ist lang, hochbeinig, schlank und hat einen schmalen Kopf und einen langen, peitschenförmigen Schwanz. Ihr Fell ist einfarbig und tief dunkelbraun. Die Augen sind schräg stehend und grün, bevorzugt dunkelgrün. Die GCCF erkannte die Havana 1958 als Rasse an, und zwar als Chestnut Brown Foreign Shorthair. Der phantasielose Name fand wenig Beifall, und so darf die Rasse seit 1970 wieder die Bezeichnung Havana tragen.

Munchkin

Tiffany

Havanna

Devon Rex

Ragdoll

Kitten (junge Kätzchen) sind verspielt. Aber auch erwachsene Katzen lassen sich gerne mal zum Spiel auffordern.

Wohlig räkelt sich die Katze.

Japanese Bobtail

Die Kätzin säugt ihre Kitten.

Perser

Russian Blue

Die **Russian Blue** oder Russisch Blau hat eine etwas verwirrende Geschichte. Ihr Name wurde oft geändert. Sie war auch als Spanische Katze, Malteser Katze, Katze von Archangel und als Orientalisch Kurzhaar Blau bekannt. Auch ihr Standard wurde oft geändert. Inzwischen hat die Rasse sich stabilisiert. Sie ist schlank und hochläufig, der Schwanz ist lang und verjüngt sich zur Spitze hin. Das Fell ist kurz, fein und dicht. Der Kopf ist kurz und keilförmig. 1880 wurden die ersten Russian Blues in England auf einer Zuchtschau gezeigt. Laut einiger Informationen wurden diese schönen Katzen leider als Felllieferanten missbraucht.

Ärmelaufschläge und Krägen sollen mit Russenfell verschönert worden sein. Im Zweiten Weltkrieg wäre die Russian Blue beinahe ausgestorben. In England kreuzte man die Russian Blue mit Blue-Point-Siamesen, was die Rasse allerdings vom alten Typ entfernte. In den 1960er Jahren besann man sich auf den alten Typ und hat diesen zurückgezüchtet. Es kommen auch halblanghaarige Russian Blues und solche mit weißen Flecken vor, die jedoch in der Zucht nicht eingesetzt werden. Die Russian Blue liebt ihre Menschen und ist ihnen gegenüber anhänglich, zeigt aber doch in aller Regel einen Hauch würdevolle Zurückhaltung. Sie schließt keinesfalls mit jedem Fremden Freundschaft. Seit einiger Zeit gibt es auch Russian Red (Rot), Russian Black (Schwarz) und Russian White (Weiß).

Katzen sind verspielt. Dieses Verhalten behalten sie normalerweise bis ins hohe Alter bei.

Oben: Manx; Mitte: Türkisch An-
gora; unten: Exotic.

Die **Exotic** ist eine kurzhaarige Version der Perserkatze. Man kreuzte Perser, Burmesen und American Shorthair (evtl. auch British Shorthair) und zog daraus die Exotic, die sich nurmehr durch ihr kurzes Fell von der Perser unterscheidet. Sie ist anhänglich, verschmust, verträglich mit Mensch und Tier und ausgeglichen. Die Exotic ist sehr anpassungsfähig und auch eine gute Zweitkatze. Wesen und Aussehen hat die Exotic – von der Fellänge abgesehen - mit der Perserkatze gemein. Noch immer werden die Rassen gelegentlich gekreuzt, um den Genpool zu erweitern und um den Typ zu verbessern. Die Rasse kommt in nahezu allen Farben vor.

Manxkatzen sind nach der Isle of Man benannt. Es gibt drei Formen von ihr: Rumpy, die keinen Schwanz aufweist, sondern eine Höhlung bzw Loch am Ende des Rückgrats, Rumpy Riser mit einem nach oben hin etwas verlängerten Kreuzbein bzw Stummelschwanz, auch Stumpy genannt, sowie die Longy mit einem kurzen Schwanz. Es gibt sie in allen Farben und Mustern. Die GCCF hat die Manxkatzen als Rassen anerkannt. Außer Colourpoint sind alle Farbschläge zugelassen. Manxkatzen müssen immer mit normalschwänzigen Katzen gekreuzt werden, um schlimme Missbildungen und Totgeburten bei den Nachkommen zu vermeiden. Reinerbig von beiden Elterntieren vererbt, ist ein Manxembryo nicht lebensfähig.

Die **Türkisch Angora** stammt aus der Türkei, wurde dort aber nie gezielt gezüchtet. Sie wurde in den 1960er Jahren in den USA geschaffen. Ursprünglich waren die Türkisch Angora ausschließlich weiß. Inzwischen sind alle Farben außer Cinnamon, Chocolate, Lilac, Fawn sowie Farben des Burma-Faktors zugelassen. Ursprünglich bezeichnete man mit Angora die Perserkatzen, aber heute sind zwei völlig unterschiedliche Rassen gemeint. Die Türkisch Angora ist lang, schlank, muskulös und mittelgroß. Sie ist anhänglich, robust und pflegeleicht.

Cocker Spaniel mit seiner Katzenfreundin

Literatur:

Born, Sylvia; Traumkatzen; Müller-Rüschlikon, 2012, ISBN 978-3-275-01838-3

Brown, Sarah; Die Katze – Geschichte, Biologie, Rassen; Haupt, 2020, ISBN 978-3-258-08164-9

Donay-Weber, Anneliese; Siamkatzen; Parey, 1997, ISBN 3-8263-8444-X

Ehret, Boris/ Wamper, Sabine; Bengalkatze – Die Katze im Leopardenlook; Cadmos, 2012, ISBN 978-384044011-3

Ewald, Eva; Norwegische Waldkatze; Cadmos, 2011, ISBN 978-384044006-9

Götz, Eva-Maria/ Wolf, Gesine; Britisch Kurzhaar & Co. – Kurzhaarkatzen; Ulmer, 1999, ISBN 3-8001-7469-3

Götz, Eva-Maria/ Wolf, Gesine; Maine Coon & Co. – Halblanghaarkatzen; Ulmer, 1998, ISBN 3-8001-7398-0

Götz, Eva-Maria/ Wolf, Gesine; Perser & Co. – Langhaarkatzen und Exotic Shorthair; Ulmer, 2000; ISBN 3-8001-7487-1

Götz, Eva-Maria/ Wolf, Gesine; Siam & Co. – Orientalische Katzen; Ulmer, 1999, ISBN 3-8001-7441-3

Herrscher/ Theilig; Kosmos-Katzenführer; Kosmos, 1999, ISBN 3-440-07752-7

Kieselbach, Dominik; Ihr Hobby Siamkatzen; Bede, 2003; ISBN 3-89860-036-X

Knauth, Käthie; Katzenrassen – Rassekatzen; Albrecht Philler Verlag, 1984, ISBN 3-7907-0883-6

Maas, Jean-Paul; Katzen – 120 Rassen und Farbschläge; Ulmer, 1992, ISBN 3-8001-7273-9

Malcus, Kerstin; Maine Coon – Wilde Schale, weicher Kern; Cadmos, 2008, ISBN 978-386127134-5

Müller, Ulrike; Perserkatzen; Gräfe und Unzer, 1989, ISBN 3-7742-3646-1

Natoli, Eugenia; Geliebte Katzen; Unipart, 1998, ISBN 978-3812230223

Rixon, Angela; Katzen der Welt; Könemann, 1996, ISBN 3-89508-163-9

Sayer, Angela/ Loxton, Howard; Katzen und ihre Welt; Müller-Rüschlikon, 2001, ISBN 3-275-01405-6

Schär, Rosemarie; Die Hauskatze; Ulmer, 2009, ISBN 978-3-8001-5867-6

Schneck, Marcus/ Caravan, Jill; Bassermann Handbuch Katzen; Bassermann, 1996; ISBN 3-8094-0206-0

Schneider, Stefanie; Bezaubernde orientalische Samtpfoten im Portrait – Ein Katzenbuch; Amazon, 2016, ISBN 9781530734351

Thies, Dagmar; Siam- und Orientalisch Kurzhaarkatzen; Kosmos, 1983, ISBN 3-440-04649-4

Wagner, Ortrun, Waldkatzen: Maine-Coon-Katze – Sibirische Katze – Norwegische Katze. Mit Neva Masquarade und Türkisch Van; Neumann-Neudamm, 2009, ISBN 978-3-7888-1275-1

Wagner, Ortrun; Waldkatzen: Maine-Coon-Katze – Norwegische Waldkatze – Sibirische Waldkatze; Parey, 1999, ISBN 3-8263-8507-1

Weichelt, Jana; Britisch Kurzhaar; Cadmos, 2019, ISBN 978-3-8404-4002-1

Weitere Bücher von der Autorin:

Treue Freunde

Das kleine Buch vom Deutschen Boxer; Books on Demand, 2020, ISBN 9783750469006; 13,00 €

Das kleine Buch vom Deutschen Spitz; Books on Demand, 2.,überarb. Aufl. 2018, ISBN 9783744892896, 15,99 €

Das kleine Buch vom Dobermann; Books on Demand, 3., überarb. Aufl. 2020, ISBN 9783751930895; 16,99 €

Das kleine Buch vom Samojeden; Books on Demand, 4., überarb. Aufl. 2020, ISBN 9783751922852, 17,00 €

Das kleine Buch vom Tschechoslowakischen Wolfshund und Saarlooswolfhond; Books on Demand, 4., überarb. Aufl. 2020, ISBN 9783751959407; 25,00 €

Das kleine Buch vom Weißen Schweizer Schäferhund; Books on Demand, 2., überarb. Aufl. 2018, ISBN 9783743192508, 16,99 €

Das kleine Buch vom Wellensittich; Books on Demand, 2017, ISBN 9783743192508, 16,99 €

Das kleine Katzenbuch; Books on Demand, 2017, ISBN 9783743180116, 22,99 €

Das kleine Schlittenhunde-Buch; Books on Demand, 2018, ISBN 9783748107194; 18,00 €

Das kleine Schnüffelbuch; Books on Demand, 2020, ISBN ISBN 9783751902267; 14,99 €

Das Seidenpfotenbuch; Books on Demand, 2018, ISBN 9783749470549; 20,99 €

Deutsche Spitze: Vergessen und doch geliebt; Books on Demand, 2020, ISBN 9783750434660

Eisenach: Die Stadt am Fuße der Wartburg; Books on Demand, 2018, ISBN 9783752876659, 22,99 €

Eisenach: Die Stadt im grünen Herzen Thüringen; Books on Demand, 2020, ISBN 9783751954976; 17,00 €

Eisenach: Ein Bilderbuch; Books on Demand, 2018, ISBN 9783752802733, 9,99 €

Katzen: Liebenswerte Seidenpfoten; Books on Demand, 2018, ISBN 9783752839920; 12,00 €

Nasenarbeit für Hunde; Books on Demand, 2018, ISBN 9783752849660, 18,99 €

Ratten sind auch nur große Mäuse. Kleine Fellnasen mit großem Herz; Books on Demand, 2020, ISBN 9783751923262; 4,99 €

Rund um die Wartburg; Books on Demand, 2017, ISBN 9783746046945, 19,99 €

Schlittenhunde: Ein Bildband; Books on Demand, 2., überarb. Aufl. 2018, ISBN 9783746077505; 30,00 €

Weiß wie Schnee und Schwarz wie Ebenholz: Weißer Schweizer Schäferhund; Books on Demand; 2019, ISBN 9783749454211; 10,00 €

Weiße Schweizer Schäferhunde einmal anders; Books on Demand, 2018, ISBN 9783752895605; 16,99 €

Weiße Schweizer Schäferhunde: Perlen im Licht der Sonne; Books on Demand, 2018, ISBN 9783746066103; 20,99 €

Weißer Schweizer Schäferhund; Books on Demand, 2018, ISBN 9783752823653; 10,00 €

Wellensittiche: Liebenswerte Flatterbande; Books on Demand, 2019, ISBN 9783732290390; 15,00 €

Wellensittiche; Books on Demand, 2018, ISBN 9783746098517; 20,99 €

Ratten: Liebenswerte Riesenmäuse.; Books on Demand, 2021, ISBN 9783752659412; 7,00 €

Treue Freunde; Books on Demand, 2021, ISBN 9783753478654; 14,00 €